BEI GRIN MACHT SICH IHR WISSEN BEZAHLT

- Wir veröffentlichen Ihre Hausarbeit,
  Bachelor- und Masterarbeit

- Ihr eigenes eBook und Buch -
  weltweit in allen wichtigen Shops

- Verdienen Sie an jedem Verkauf

Jetzt bei www.GRIN.com hochladen
und kostenlos publizieren

Bibliografische Information der Deutschen Nationalbibliothek:

Die Deutsche Bibliothek verzeichnet diese Publikation in der Deutschen National-
bibliografie; detaillierte bibliografische Daten sind im Internet über http://dnb.d-
nb.de/ abrufbar.

Dieses Werk sowie alle darin enthaltenen einzelnen Beiträge und Abbildungen
sind urheberrechtlich geschützt. Jede Verwertung, die nicht ausdrücklich vom
Urheberrechtsschutz zugelassen ist, bedarf der vorherigen Zustimmung des Verla-
ges. Das gilt insbesondere für Vervielfältigungen, Bearbeitungen, Übersetzungen,
Mikroverfilmungen, Auswertungen durch Datenbanken und für die Einspeicherung
und Verarbeitung in elektronische Systeme. Alle Rechte, auch die des auszugsweisen
Nachdrucks, der fotomechanischen Wiedergabe (einschließlich Mikrokopie) sowie
der Auswertung durch Datenbanken oder ähnliche Einrichtungen, vorbehalten.

Impressum:

Copyright © 2008 GRIN Verlag, Open Publishing GmbH
Druck und Bindung: Books on Demand GmbH, Norderstedt Germany
ISBN: 978-3-668-01816-7

Dieses Buch bei GRIN:

http://www.grin.com/de/e-book/303401/transhumane-expansion-die-gedanken-
eines-lemmings

Gabriel Stabentheiner

Transhumane Expansion. Die Gedanken eines Lemmings

GRIN Verlag

GRIN - Your knowledge has value

Der GRIN Verlag publiziert seit 1998 wissenschaftliche Arbeiten von Studenten, Hochschullehrern und anderen Akademikern als eBook und gedrucktes Buch. Die Verlagswebsite www.grin.com ist die ideale Plattform zur Veröffentlichung von Hausarbeiten, Abschlussarbeiten, wissenschaftlichen Aufsätzen, Dissertationen und Fachbüchern.

Besuchen Sie uns im Internet:

http://www.grin.com/

http://www.facebook.com/grincom

http://www.twitter.com/grin_com

Historisch-kritische Anthropologie. Erweiterung und
Vertiefung: Sind wir zivilisiert?

Institut für Erziehungswissenschaften / LFU Innsbruck

WS 2006/2007

Transhumane Expansion -
Die Gedanken eines Lemmings

Schriftliche Prüfungsarbeit

Abgabe am 11.1.2008
Gabriel Stabentheiner

Inhaltsverzeichnis

Einleitung 3

Transhumane Expansion 3

Fortschritt als Maschine 5

Der Mensch als Lemming - Denk- und Handlungsmuster 6

Ihr Geister, die ich rief: Sagt mir, was ich tun soll! 7

Quellenangaben 9

Einleitung

Die Menschheit wächst über sich selbst hinaus. Auch so könnte man/frau das Schlagwort „Transhumane Expansion" lesen und damit zunächst positiv konnotieren. Bei näherer Betrachtung lässt allerdings auch diese Formulierung Raum für Zweifel: Wenn die Menschheit über sich selbst hinaus wächst, bleibt sie dann noch menschlich? Wächst sie - im Sinne eines evolutionären, intellektuellen, sozialen, moralischen, Fortschritts - oder wächst sie sich - also wir uns - sozusagen selbst über den Kopf?

Das Konzept der Transhumanen Expansion, wie es Rathmayr (2005) in starker Anlehnung an Dietmar Kamper darlegt, gibt darauf eine klare Antwort: Die heutige Generation von Mensch ist dabei, das Menschliche zu überschreiten (vgl. Kamper 1989, 41) und läuft dabei zunehmend Gefahr, die eigene Welt zu zerstören (vgl. Wulf 1994, 15).

In den ersten beiden Abschnitten sollen nun die Analysen und Argumente, die zu einer solchen Annahme führen, kurz umrissen werden, um dann in weiterer Folge auf die Frage einzugehen, auf welchen gesellschaftlichen Zusammenhängen, Denk- und Handlungsmustern diese Entwicklung beruhen könnte.

Transhumane Expansion

„... Kamper setzt an die Stelle der optimistischen Fortschrittsanthropologie eine skeptische Analyse der Lage der gegenwärtigen Menschen." (Rathmayr 2005, 5)
Er erkennt in modernen Entwicklungen - wie Gentechnologie, Computerisierung der Arbeit, künstlichen Befruchtung oder Intensivierung der Ausbeutung natürlicher Ressourcen - drei Merkmale, die er als Grundmotive der transhumanen Expansion beschreibt: (1) Bisher vom Menschen unbeherrschbare Bereiche werden menschlicher Steuerungsabsicht unterworfen. (2) Die langfristigen Folgen vieler dieser Aktivitäten sind mit heutigem Wissensstand nicht oder kaum abschätzbar, in einigen Fällen sind die negativen Konsequenzen sogar schon absehbar. (3) Befürchtung oder Erwartung negativer, eventuell sogar katastrophaler Folgen führt nicht zu einem Aufgeben oder Aussetzen dieser Aktivitäten. (ebd. 5)
Besonders auf diesen dritten Punkt, der offensichtlichen Leugnung von Risiken oder zu erwartenden negativen Konsequenzen, und auf mögliche Hintergründe und Dynamik dieser Leugnung soll dann in den letzten beiden Abschnitten näher eingegangen werden.

Betrachten wir die oben genannten oder auch andere Beispiele, wie etwa die Nutzung der Atomkraft zur Energiegewinnung, so lassen sich Unterschiede in der - mehr oder weniger - rational argumentierbaren Notwendigkeit dieser Aktivitäten feststellen: Während sich z.b. künstliche Befruchtung lediglich auf ein etwaiges Recht auf eigenen Nachwuchs berufen kann, werden grüne Gentechnologie oder die Atomkraft als für die Versorgung einer wachsenden Bevölkerung notwendige Technologien dargestellt. Hier ist einerseits die Frage zu stellen: Auf welche Standards beziehen sich diese Aussagen und sind solche Maßstäbe überhaupt gerechtfertigt? (Auf wie viele kWh elektrischen Stroms hat ein Mensch ein Anrecht?) Und andererseits sind solche Begründungen oftmals als Scheinargumente zu identifizieren, denen rein wirtschaftliche Interessen zu Grunde liegen. (zur Gentechnik vgl. etwa Spangenberg 2003)

Auch im Bereich der Wirtschaft lassen sich gewisse Notwendigkeiten argumentieren, auch wenn diese - obwohl einleuchtend - als letztliche Begründung für technologische Entwicklungen unbefriedigend sind: Man müsse so handeln - also etwa Computer statt Arbeitskräfte einsetzen oder Produkte mit bekannten (oder unbekannten) Risiken oder Nebeneffekten verkaufen - um *markttauglich* zu bleiben. Alle gesetzlichen - und auch ungesetzlichen - Möglichkeiten werden von Wirtschaftstreibenden ausgereizt, denn: *Wenn ich es nicht tue, dann tut es eben ein anderer - und verdrängt uns.* Selbst vollkommen unverständlich erscheinende Tatsachen, wie etwa enorm überhöhte Manager-Gehälter, werden rationalisiert. Und zwar oft durch den alleinigen Hinweis, dass das so üblich sei, und - in diesem speziellen Fall - dass die Gehälter anderswo noch viel höher seien. Auf keinen Fall darf es hier Beschränkung geben, auch wenn eine schlüssige Begründung hierfür ausbleibt.

Eine Grundeinstellung, die besonders in diesem letzten Punkt deutlich gewordenen ist, zieht sich durch alle Beispiele und ist meines Erachtens nach fundamental: Was denkbar ist, muss möglich sein. Was technisch möglich ist, muss auch umgesetzt werden können/dürfen. (Technischer) Fortschritt ist gut, er ist notwendig; ja noch viel mehr, er kann und darf nicht hinterfragt werden - es gibt keine Alternative.

Fortschritt als Maschine

So sehr man/frau die Entwicklung der Menschheit unterstützen mag, ist doch kritisch zu hinterfragen, was heute Fortschritt bedeutet - und wer ihn steuert.

„In der Tat beginnen sich in der Wissenschaft, in der Politik aber auch im Alltag immer stärker Argumentationsmuster durchzusetzen, in denen das jeweilige Handeln oder Nicht-Handeln mit der Unvermeidlichkeit der Systematik der ablaufenden Prozesse begründet wird. Jeder Versuch, die Logik der Ablaufenden (sic!) zu beeinspruchen, wird in Unterstützung und Verstärkung des Bestehenden umfunktioniert oder aufgrund der unterstellten Unvermeidlichkeit des Laufenden als unmöglich qualifiziert." (Rathmayr 2005, 10)

Der Fortschritt der Menschheit im speziellen und damit deren Geschichte im Allgemeinen scheint sich Großteiles nicht mehr in Menschenhand zu befinden. Transnationale wirtschaftliche Strukturen bestimmen unser gesellschaftliches Leben in großem Ausmaß. Aber wer bestimmt diese Strukturen? Wie bereits dargelegt, erleben sich selbst wirtschaftliche Entscheidungsträger als von äußeren Einflüssen abhängig - nämlich von den Bedingungen des Systems selbst.

Man/frau könnte sagen: Die Menschheit hat aufgehört, für ihr gesellschaftliches Zusammenleben Spielregeln aufzustellen, die dem Wohle der einzelnen Individuen dienen. Sie hat sich für einen Satz Spielregeln entschieden, nämlich für die des marktwirtschaftlichen Kapitalismus' (wie bewusst/absichtlich diese Entscheidung getroffen wurde, kann hier nicht erörtert werden).

Dieses Spiel hat einige wesentliche Eigenschaften: Es belohnt zunächst die, die es am enthusiastischsten spielen. Und obwohl sich die Startbedingungen bald oder auch von Anfang an für die einzelnen TeilnehmerInnen stark unterscheiden, bleibt das Bild der Belohnung doch für alle in meisterhafter Illusion bestehen. Dermaßen intensiv wird dieses Spiel gespielt, dass seine Regeln bald als bestmögliche oder sogar als einzige Möglichkeit angesehen werden.

Seine fast universale Faszination und Anziehung kann von außen betrachtet nicht einsichtig erklärt werden, denn es ist letztlich ein unmenschliches Spiel, in dem es viele Verlierer (oder nur Verlierer?) gibt.

Erklärt werden müsse nach Gimpel (1991) *„die menschliche Anfälligkeit für ein anonymes automatisches Geschehen, ... das unterschwellige Einverständnis mit dem Verlust des ,Humanum', ... die stillschweigende Entscheidung für eine Karriere des ,Un-Menschlichen', die letztlich auch den, der dafür ist, in Mitleidenschaft zieht und vernichtet".*

Der Mensch als Lemming - Denk- und Handlungsmuster

Nachdem ich nun also die Annahme dargelegt habe, dass die Entscheidung zur Beibehaltung aktueller Entwicklung - oder besser gesagt: die nicht getroffene Entscheidung gegen diese Entwicklung - weniger bei irgendwelchen übergeordneten Entscheidungsträgern zu vermuten ist, sondern - natürlich in unterschiedlicher Gewichtung - bei jeder/m MitspielerIn liegt, möchte ich mich nun dem/r Einzelnen zuwenden: Was bewegt das Individuum, weiter zu spielen, auch wenn es verliert? Zur möglichen Beantwortung dieser Frage möchte ich einige Ideen anführen, zunächst weiter unter der Verwendung der Metapher des Spiels, bei dem man gewinnen oder verlieren kann:

(1) *Es besteht eine Hoffnung, irgendwann oder irgendwie zu den Gewinnern zu gehören*, selbst wenn diese Hoffnung faktisch noch so unbegründet ist. Und es gibt (praktisch) immer MitspielerInnen, die noch mehr verlieren. (2) *Je länger ich mitspiele, umso schwerer wird es aufzuhören* - ein Phänomen, das besonders bei Glücksspielen bekannt sein dürfte: Erst mit dem Aussteigen wird nämlich unwiderruflich eingestanden, dass man/frau zu den Verlierern gehört. (3) *Ich kenne die Spielregeln dieses Spiels. Ich merke zwar, dass sie nicht besonders vorteilhaft für mich sind, aber andere könnten sich noch schlechter auf meine Situation auswirken.*

All diese Gedanken setzen voraus, dass es schon einmal ein grundsätzliches Bewusstsein darüber gibt, dass (gesellschaftliche) Spielregeln veränderbar sind. Am häufigsten anzutreffen ist aber sicherlich mitunter: (4) *Ich habe die Spielregeln nicht gemacht. Ich kann mich nur daran halten, das ist meine einzige Chance.*

Für die folgenden, weitergehenden Überlegungen müssen wir die Metapher des Spiels - im Sinne von gewinnen und verlieren - ausbauen, denn sie beinhaltet zwar den Leistungs- und Konkurrenzgedanken, der unser gesellschaftliches Zusammenleben durchaus prägt, nicht aber die Möglichkeit und das Streben nach Glück und Gerechtigkeit für alle, ein Wunsch, der auch wichtiger Aspekt menschlicher Koexistenz ist[1]. Es geht also nicht mehr darum, einen möglichst hohen Gewinn zu machen, sondern dass möglichst alle zumindest ausreichend gewinnen. In diesem Sinne ließen sich die obigen vier Punkte folgendermaßen erweitern:

(1) *Es besteht die Hoffnung, dass die Gewinner (irgendwann) so viel gewinnen, dass sie die Verlierer „mitreißen" oder sie mitversorgen.* So absurd dies hier klingt, es ist doch eine der

---

1 In einer Umfrage der österreichischen Tageszeitung „Der Standard" vom 22.12.2007 ergab sich als größte Zukunftssorge, „ob die Kluft zwischen Arm und Reich in Österreich nicht größer" werde.

weitverbreitetsten „Erklärungen" zur ungerechten Verteilung zwischen Reichen und Armen. *(2) Es gibt diese Spielregeln jetzt schon so lange; wenn sie nicht geändert wurden, wird das schon seinen Grund haben.* (3) Ähnliche Argumentation wie beim zweiten Punkt: *Es hat schon verschiedenste Versuche zu gesellschaftlichen Zusammenleben gegeben, da kommt mir dieses noch als geringstes Übel vor. Wenn mir jemand sagen kann, wie man es besser machen könnte...* (wobei jeglicher Versuch, dies zu tun, dann zumeist unter unterschiedlichen Vorwänden abgeschmettert wird). Die Verantwortlichkeit für die Spielregeln und deren Auswirkungen liegt hier also in der Sache selbst, es kommt dabei zu einer Art Deifikation der Struktur selbst - etwa dass die Marktlogik als optimale Strategie zur Versorgung der Menschen zu einer Art Naturgesetz erhoben wird. (4) *Irgendwas werden sich DIE schon gedacht haben.* (Verantwortlichkeit für die Spielregeln liegt bei gedachten Personen in der Gesellschaft, die aber bei näherem Hinschauen nicht fassbar sind.) Oder: *Es muss halt so sein.* (Verantwortlichkeit liegt bei einem höheren Wesen bzw. beim Schicksal, Vorsehung etc.)

In einer Art kollektiven Allmachtswahn gehen wir davon aus, dass wir uns die Erde Untertan gemacht haben und globale soziale Gerechtigkeit nur mehr an Korruption, Kriegen und Uneinsichtigkeit scheitert, nicht aber an den Strukturen die wir uns geschaffen haben. Der/die Einzelne fühlt sich demgegenüber allerdings ziemlich machtlos und sieht die Kontrolle über diese Errungenschaften außerhalb seiner/ihrer selbst liegen: etwa in den Strukturen selbst oder irgendwo in der Gesellschaft. Die Angst, die angesichts realer Katastrophen oder als Sorge um die Zukunft entsteht, wird entweder auf bestimmte Personen projiziert und äußert sich etwa als Gewalt, Kriminalität, Xenophobie. Oder sie führt, gepaart mit der eben beschriebenen externen Kontrollüberzeugung zu einer Hilflosigkeit, die verdrängt wird und sich zu einer scheinbaren Gleichgültigkeit und Apathie entwickelt, oder die mittels künstlich erzeugter Ersatzängste bearbeitet wird.

Ihr Geister, die ich rief: Sagt mir, was ich tun soll!

Man könnte wie folgt zusammenfassen: Wir leben in einer Welt, in der die Menschheit als Ganzes sich immer mehr Verantwortung aneignet - während gleichzeitig niemand da ist, der diese Verantwortung angemessenermaßen übernehmen würde. Unsere Lage ähnelt der Goethes „Zauberlehrling": Der Besen, als Geist beschworen, füllt das Haus mit Wasser, anstatt es einfach nur sauber zu machen. In seinem Streben, dem Treiben ein Ende zu setzen, dem Besen mit der Axt zu Leibe rückend, verschlimmert der junge Zauberer die Situation, denn nun sind aus einem Besen zwei geworden. Soweit treffende Übereinstimmung. Nur: Der Zauberlehrling tut alles, um die Geister zu bekämpfen. Wir hingegen versuchen, es den Besen gleich zu tun, und tragen voller Überzeugung möglichst viel Wasser ins Haus. Wir hören nicht einmal dann damit auf, wenn uns das Wasser schon bis zum Hals steht...

Quellenangaben

Gimpel: ohne Quellenangaben. 1991. Zit. nach Rathmayr 2005.

Kamper, Dietmar: Tod des Körpers - Leben der Sprache. Über die Intervention des Imaginären im Zivilisationsprozeß. In: *Gebauer, G.* u.a.: Historische Anthropologie. Zum Problem der Humanwissenschaften heute oder Versuche einer Neubegründung. Reinbek: Rowohlt 1989, 49-81. Zit. nach Rathmayr 2005.

Rathmayr, Bernhard: Die Frage nach den Menschen. Einführung in die Historisch-kritische Anthropologie. Unveröffentlichtes Vorlesungsskriptum. Innsbruck 2005.

Spangenberg, Joachim H.: Gentechnik und Welternährung: Versprechen machen nicht satt. Artikel in: Umwelt-Medizin-Gesellschaft 3/2003. umg-Verlag: Bremen.

Wulf, Christoph (Hg.): Einführung in die pädagogische Anthropologie. Weinheim/Basel (Beltz) 1994. Zit. nach Rathmayr 2005.